나무가 들려주는
인생 이야기

한 자리에서 묵묵히 시간을 담아내며 생존하고 번영한 나무는 인간의 인생과 많이 닮았습니다. 화자가 된 나무는 삶의 변화와 성장, 지혜 등 다양한 이야기를 했고 이를 시와 그림으로 담았습니다.
1부는 작은 씨앗에서 나무로 자라는 나무의 성장을 통해 매 순간 조금씩 성장하며 삶을 살아가는 우리의 모습을 담았습니다.
2부는 나무의 사랑을 통해 인간의 사랑에 대한 깊은 성찰과 사랑의 본질과 가치를 담았습니다. 3부는 세월의 흐름 속에서 우리의 기억과 역사를 간직한 오래된 나무의 사연과 지혜를 담았습니다.
4부는 자연의 일부로서 삶의 끝을 직면할 때의 나무의 이별에 대한 시각과 깨달음을 담았습니다.
이 책이 자연과 인간이 함께하는 아름다운 세상을 보여주길 바라며, 여러분의 마음을 나무처럼 풍요롭게, 꽃처럼 향기롭게 가꾸어 주길 바랍니다.

글/그림 이수진

어릴 적부터 호기심이 많았고, 지금도 배우고 성장하는 과정을 즐기고 있습니다. 가르치는 것을 좋아하고, 제가 가진 지식과 경험을 전달하는 것은 큰 기쁨입니다. 그림과 글을 통해 건강하고 행복하게 살아갈 수 있는 힘을 주는 책을 만들고 있습니다.   rqp1313@ naver.com, https://www.youtube.com/@rqp1313
2023 인천문화재단 예술창작지원사업 선정 / 2024 인천서구문화재단 예술지원사업 선정

[강의 분야] 글쓰기, 전자책 출판, 대인관계, 의사소통, 스피치, 면접
[서   적] 소중한 나의 비밀 친구, 과자 파티에 초대합니다, 하늘 물고기,
           나도 시인 시와 친구 되기, 나도 마을 작가 전자책 출판하기, 전자책 출판의 모든 것,
           사회 초년생이 알아야 할 글로벌 비지니스, 호텔서비스, 세계문화 여행, 여행사 창업하기 그 외 다수
[개 인 전] <나무가 들려주는 인생 이야기> 인천 서구청, 회화마을커뮤니티센타
          <회화나무, 예술의 바람에 흔들리다> 베르힐 작은도서관
          <나무, 시와 그림을 품다> 블루노바홀 갤러리

 나무가 들려주는 인생 이야기

초판 1쇄 2024 년 월 11 일
발행처 아트앤컬쳐
지은이 이수진
인쇄 및 제본 (주) 교학사
출판등록 2021 년 8 월 9 일 (제 0027 호)
ISBN 979-11-975632-9-4

이 책은 저작권법에 따라 보호받는 저작물이므로 무단 전재와 무단 복제를 금지합니다 .
이 책 내용의 전부 또는 일부를 사용하시려면 반드시 저작권자의 동의를 얻어야 합니다 .

외롭고 무섭고 힘들 때가 있었어.
그때 함께해 준 소중한 친구가 있어.
내 친구 이야기 해줄게.

제 1부 나무의 성장

씨앗 2
싹 트임 5
새싹 6
어린나무 9
바람과 나무 10
바다 13
숲의 비밀 14
어떤 비가 내릴까? 16
어떤 눈이니? 18
잘난 척 21

제 2부 나무의 사랑

봄소식 24
여름 26
어느새 가을 28
겨울나무 30
꽃이 떨어진 자리 33
작은 새 34
그러나 툭 36
고양이 손님 38
등대처럼 41

제3부 오래된 나무

내 친구 회화나무 45
미나리꽝 47
보이지 않는 석양 49
도시와 나무 51
내 멍을 낮게 해주는 멍 53
거울 속 그녀 54
두 얼굴 56
하루하루 59

제 4부 나무의 이별

전쟁과 나무 62
진실의 눈 65
내게 오는 길 66
낙엽 68
황혼 71
동틀녘 72
바람의 흔적 74

작가의 말 75

나무의 성장

나무의 성장은 인간의 일생과 참 많이 닮았다.
씨앗과 새싹 단계는 인간의 태아기와 유년기를 상징한다.
어린 시절의 활기와 순수함, 사춘기 시절의 고민과 외로움,
청년기의 성숙과 도전, 우리는 태어나서 자라고 배우며,
여러 가지 경험을 통해 성장한다.
때로는 행복하고, 때로는 힘들지만, 모든 순간이
우리를 더 나은 사람으로 만들어준다.
작은 씨앗에서 나무로 자라나는 것처럼,
우리는 매 순간 조금씩 성장하며 삶을 살아간다.

씨앗

어느 가을날 이곳에 왔지
춥고 긴 겨울 지나
새봄이 오기를 기다려
난 무엇이 될까?

하루하루
설렘과 두려움 속에서
가만히 가만히 기다려

희망을 품고
내 모습을 그리며

예쁜 꽃이 될까?

곡식이 될까?

채소가 될까?

나무가 될까?

어둠 속에서 꿈을 품고 기다려

촉촉한 봄비가 내리면

내 마음과 몸도 부풀어 올라

작은 틈새로

하얀 뿌리가 꿈틀대며

나를 간지럼혀

※ 새봄: 겨울을 보내고 맞이하는 첫봄.
　　　　새로운 힘이 생기거나 희망이 가득 찬 시절을 비유적으로 이르는 말.
※ 설렘: 마음이 가라앉지 아니하고 들떠서 두근거림. 또는 그런 느낌.

싹 트임

봄비가 나를 적시면
뿌리가 꿈틀대며 밀고 나와

땅 위로 땅 위로
온 힘을 다해 세상을
맞을 준비를 해

어둡고 캄캄한 곳에서
아무것도 보이지 않지만

조금만 힘을 내라고
내 등 뒤로 따스한 햇빛이
나를 올려주지

시원한 바람
달빛과 별빛이
은은히 나를 지켜주지

싹이 트기를
손꼽아 기다려

* 트다 : 식물의 싹, 움, 순 따위가 벌어지다.
  봄비 : 봄철에 오는 비. 특히 조용히 가늘게 오는 비를 이른다.
  햇빛 : 해의 빛. 세상에 알려져 칭송받는 것을 비유적으로 이르는 말.

새싹

마침내

연초록 새싹이 돋아나

세상 밖으로 나와

아주 작고

연약해 보이지만

아주 힘겹게

여기에 왔어

어둡고 딱딱한 대지를

뚫고 외로움을 이겨

새로운 세상을

시작하는거야

* 연초록 : 연한 초록색.
　새싹 : 새로 돋아나는 싹.
　　　　사물의 근원이 될 수 있는 새로운 시초를 비유적으로 이르는 말.

어린나무

시원한 바람

따스한 햇볕

포근한 달빛

대 자연의 보살핌 속에

하루하루 자라나

사람들은

내가 멋진 나무가 될 거래

이렇게 작고 연약한 내가

나무가 될 수 있을까?

* 어린나무 : 나서 한두 해쯤 자란 나무.
  햇볕 : 해가 내리쬐는 기운.
  연약하다 : 무르고 약하다.

바람과 나무

바람이 놀러 와

나보고 작고 귀엽대

한 곳에 있는 내가 심심하다고

멀고 먼 세상 돌고 돌아온 바람은

이런저런 이야기를 해줘

날마다 찾아와 속삭인 이야기

하늘에 적고 나이테에 다시 새겨

친구가 돼줘서 고마워

잔가지 흔들어

인사하지

* 나이테 : 나무의 줄기나 가지 따위를 가로로 자른 면에 나타나는 둥근 테.
  잔가지: 풀과 나무의 작은 가지.
  귀엽대: '귀엽다고 해'의 준말.

바다

푸른 하늘 바라보며

푸른 바다 꿈꾸네

바람이 실어다 주는

바다 향기 맡고

파도가 들려주는

노래 소리 듣고

바다의 푸른 꿈

가슴 깊이 담아

푸른 하늘 바라보며

푸른 바다 꿈꾸네

숲의 비밀

숲이 되고 싶었어

나 혼자는 외로웠거든

숲이 되고 싶었어

저 멀리 보이는 숲 속에

아무도 보이지 않게 숨고 싶었어

숲이 되고 싶었어

맹렬한 햇살을 오롯이

맞서기가 버거웠어

이제 알아 숲에 있어도 나무는 혼자인걸

외로움을 고독으로 즐겨야지

숲 같은 나무가 돼야지

* 고독 : 세상에 홀로 떨어져 있는 듯이 매우 외롭고 쓸쓸함.
  고독을 즐기다. : 고독은 누군가에게 고통이기도 하고 누군가에게는 나만의 소중한 순간이다.
  고독을 즐기면서 내면의 나를 찾기도 하고 휴식, 창작 활동 등을 통해 안정감을 느낀다.
* 돼: '되어'의 줄어든 말

어떤 비가 내릴까?

맑고 투명한 구슬같이 내리는 구슬비
뿌연 안개처럼 내리는 안개비
가늘게 가루처럼 내리는 가랑비
영롱한 이슬처럼 내리는 이슬비
실처럼 가늘게 내리는 실비

세찬 바람과 함께 내리는 비보라
바람과 함께 내리는 바람비
빗발이 보일 만큼 굵게 내리는 발비
갑자기 세차게 내리는 소나기
멈추지 않고 내리는 줄비
오래 오래 내리는 오란비
장대처럼 굵고 거세게 좍좍 내리는 작달비

고사리 만들어 주는 고사리장마
개똥처럼 귀히 쓰이는 개똥장마
오랫동안 억수로 내리는 억수장마
오다 말다 오다 말다 건들장마

하던 일 멈추고 잠자게 하는 잠비
꽃처럼 내리는 꽃비
꿀처럼 달콤한 단비

아무리 거센 폭풍과 장마도
마침내는 촉촉이 맺혀 있는 비
나를 성장하게 하는 비

* 비 : 대기 중의 수증기가 높은 곳에서 찬 공기를 만나 식어서 엉기어 땅 위로 떨어지는 물방울.
장마 : 여름철에 여러 날을 계속해서 비가 내리는 현상이나 날씨. 또는 그 비.

어떤 눈이니?

어떤 모양으로 내리니?
비와 눈이 섞여 내리는 진눈깨비
가늘고 성기게 내리는 포슬눈
얼음이 되어 내리는 얼음눈
가루처럼 내리는 가랑눈
굵고 탐스럽게 내리는 함박눈
물기를 머금은 잘 붙는 떡눈

얼마나 쌓였니?
바닥에 살짝 덮인 살눈
발자국이 남길 만큼 덮인 자국눈
발이 쑥쑥 들어갈 만큼 덮인 잣눈
아무도 밟지 않는 깨끗함이 덮인 숫눈
나무 위에 아름다운 꽃을 덮은 눈꽃

어떻게 내렸니?
거센 바람에 휘몰아 치는 보라보라 눈보라
말의 갈기처럼 휘날리는 갈기갈기 눈갈기
힘차게 죽죽 내리는 눈발
갑자기 세차게 내리는 소나기눈
빗방울이 찬바람을 만나 쌀알이 된 싸라기눈

언제 내렸니?　　　　　　　너는 어떤 눈이니?
아무도 모르게 몰래 내린 도둑눈　어떤 눈으로 세상을 보니?
밤늦게 살금살금 내린 밤눈
햇빛 나는 하늘에 잠시 내린 여우눈
아침 해 맞으며 내린 새벽눈
올해 처음 내린 첫눈
봄을 샘내는 봄눈

* 눈: 물체를 볼 수 있는 감각 기관, 사물을 보고 판단하는 힘.
　눈[눈:]: 수증기가 찬 기운을 만나 얼어서 땅 위로 떨어지는 얼음의 결정체.

잘난 척

한창 잘나갈 땐
주인공이 돼 세상이 움직여

한창 잘나갈 땐
모두 날 좋아해

한창 잘나갈 땐
내 마음대로 했지

한창 잘나갈 땐
그래도 되는 줄 알았어

뿜뿜 했던 젊은 날

* 한창 : 가장 활기 있고 왕성하게 일어나는 때.
    또는 어떤 상태가 가장 무르익은 때.
* 뿜뿜 : 기운이나 감정 등이 잔뜩 드러나는 모양. 또는 어떤 상태가 가장 무르익은 때.

나무의 사랑

나무의 희생적인 사랑은
인간이 추구하는 사랑의 이상을 상징한다.
인간의 사랑은 가족, 친구, 연인 등 다양한 형태로 나타난다.
희생적 사랑보다 조건적, 상호적 사랑처럼
상황과 관계에 따라 다르게 표현된다.
나무의 사랑은 아이를 키우는 어머니의 마음을 연상할 수 있다.
나무의 사랑을 통해 인간의 사랑에 대한 깊은 성찰과
사랑의 본질과 가치를 담았다.

봄소식

기분 좋은 봄비가 쏴아 쏴아
시원한 빗방울이 토독 토독
날 깨우며 살랑살랑 손을 흔들어

재잘재잘 새들의 노랫소리에 눈을 뜨면
어느새 새끼 둥지 치며 분주히 왔다갔다

내 몸을 간지럽히는 귀엽고 작은 어린 새
무럭무럭 건강하게 자라길 지긋이 지켜보지

나를 의지해 사는 어린 생명체
어찌 사랑이 흘러넘치지 않겠니

사랑이 흘러넘쳐 떠날 때
다시 돌아올 것을 약속해 주렴

* 봄소식 : 봄이 돌아왔음을 느끼게 하는 자연의 여러 가지 현상을 이르는 말.
* 지긋이 : 참을성 있게 끈지게. 나이가 비교적 많아 듬직하게.
* 둥지 : 새가 알을 낳거나 깃들이는 곳.

여름

시원한 그늘 만들어 주면
아이들 깔깔 웃음소리
맴맴 매미 소리
온 동네 울려 퍼져

내 몸에 올라탄 아이
나를 간지럽히고
흔들 그네가 되어
더 먼 세상을 보여주지

긴 그림자를 드리워
날 보러 오라 손짓해

여름내 개구리 소리처럼
켜켜이 쌓인 그리운 추억

* 여름내 : 여름 한 철 동안 내내.
　켜켜이 : 포개어진 물건의 하나하나의 층이 여러개.

어느새 가을

가을바람 불면
아름다움 선물할게

형형색색 아름답게
단장하고

꽃피고 열매 맺으면
모두 나눠주고

하양 자주 분홍 코스모스 사이에
노오란 하늘빛 사이에
고추잠자리 분주할 즈음

그 무성한 잎들을
모두에게 나누어 주지

모두가 인심 좋은 시절
모두 아낌없이 내어주네

* 꽃피다. : 어떤 현상이 한창 일어나거나 벌어지다. 어떤 일이 발전하거나 번영하다.

겨울나무

매서운 칼바람 가슴에 스며들면

모든 것이 떠난 자리에

온 세상 하얗게 첫눈이 내려

봄날의 따뜻한 약속

여름날의 화려한 추억

가을날의 풍성한 사랑

그 속에서 꿋꿋이

내 마음은 따뜻해

* 겨울나무 : 겨울이 되어 잎이 시들어 떨어져 가지만 앙상히 남은 나무.
　칼바람 : 몹시 매섭고 독한 바람. 아주 혹독한 박해를 비유적으로 이르는 말.
　꿋꿋이 : 사람의 기개, 의지, 태도나 마음가짐 따위가 매우 굳센 태도로.
　　　　　마르거나 얼어서 어느 정도 굳은 상태로.

추위가 깊어도
단단한 뿌리는
강인함을 지켜주고
어둠에 묻힌 세상을
밝히는 빛이 되어

아름다운 흰옷을 입고
온 세상에 따뜻함을 전하지

꽃이 떨어진 자리

가장 예쁘고 화려한 때

노랑나비의 사랑이 찾아오면

아프고 기쁜 그 자리에

씨앗 하나 남겨 있지

꽃이 떨어진 자리

분신 같은 작은 씨앗

내 사랑을 잊지 말고

새로운 여행을 시작하렴

* 분신 : 하나의 주체에서 갈라져 나온 것.

작은 새

그래그래 그렇지
잘하고 있어
타닥타닥 알 깨고
고물고물 몸 움직여

그래그래 그렇지
잘하고 있어
오물오물 작은 입 벌려
파닥파닥 작은 날갯짓 시작해

유난히 색이 고운 작은 새
바람 따라 날갯짓해 보렴
햇빛 따라 높이 날아보렴
달빛 따라 힘들면 쉬어가렴

그래그래 그렇지
잘하고 있어

* 날갯짓 : 날개를 치는 짓.

그러다 툭

하얀 눈이 내린다
환희와 기쁨으로 너를 맞이한다
한 겹 두 겹 세 겹
있는 힘을 다하지만
손끝은 어느새 어깻죽지 아래로

그러다 툭
떨어진다

새로운 세상에서
밟히지 않길..
상처받지 않길..

하얗게 지새운다

*어깻죽지 : 어깨에 팔이 붙은 부분.
 지새우다 : 고스란히 새우다. 밤새우다.

고양이 손님

잠시 머물다 떠나는 고양이
그 작고 따뜻한 몸짓은
오랜 기억 속에 남네

새로운 모험을 찾아 향하는 고양이
나는 다시 홀로 서서
묵묵히 기다리네

고요한 오후에
작고 부드러운 발걸음
고양이 한 마리 찾아와
내 뿌리 곁에 몸을 눕혔네

햇살 속에 눈을 감고 쉬어가는 고양이
나는 따뜻한 쉼터가 되네
나이테 속에 숨겨놓은
수많은 속삭임을 전하네

※ 오랜 : 이미 지난 동안이 긴.
　오래 : 시간이 지나가는 동안이 길게.
　오랜만: 오래간만의 준말.
　오랫동안: 시간상으로 썩 긴 동안.

등대처럼

바람이 부는 소리

파도가 밀려오는 소리

끝없이 펼쳐진 어둠 속에서도

안전한 항로로 이끌어주는 등대

나의 빛이 너를 비추며

나의 이야기가 안전한 항로가 되어

등대처럼 한자리에 고요히 서서

네 삶에 길을 밝혀주는

희망이 되고 싶다

* 등대 : 바닷가나 섬 같은 곳에 탑 모양으로 높이 세워 밤에 다니는 배에 목표, 뱃길.
  항로 : 선박이 지나다니는 해로, 항공기가 통행하는 공로.
  한자리 : 같은 자리.
  네 : 너의. '너'에 관형격 조사 '의'가 결합하여 줄어든 말.

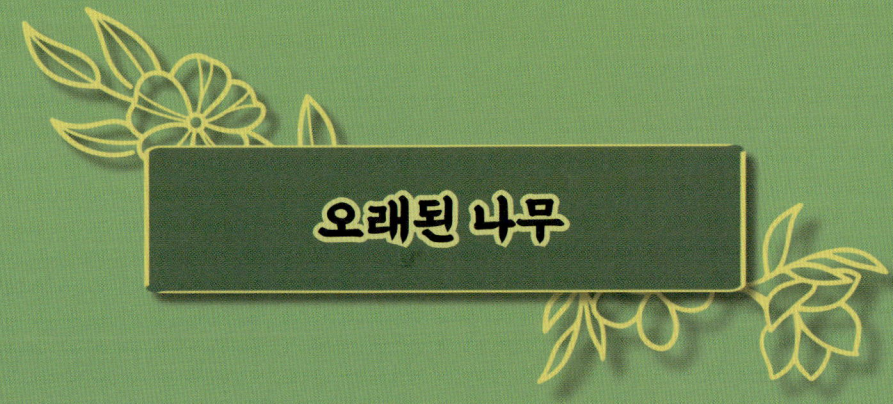

오래된 나무

나무는 얼마나 많은 사연을 품고 살았을까?
세월의 흐름 속에서 변하지 않는 존재로서, 오래된 나무는 우리의
기억과 역사를 간직한다.
마을 중심에 서 있는 오래된 나무는 뿌리와 같은 존재로,
그 마을의 결속과 성장의 상징이다.
영감을 준 회화나무와 마을 이야기
그리고 시간을 통해 얻은 삶의 지혜를 담았다.

내 친구 회화나무

내 친구가 되어 줄래

난 오백 살쯤 되었대
사람은 대개 백 년도 살기 힘든데
5배는 오래 산거야

난 오백 살이지만 아직 어려
나에게는 너의 관심과 사랑이 필요해
너희들의 웃음소리가 그리워

내 친구가 되어 줄래

*-대: 남이 말한 것을 들어 알고 있는 내용을 전할 때 [~ 다고 해]
 -데 : 과거 어느 때의 경험을 말하는 장면

미나리꽝

싱그러운 햇빛 아래
푸르른 녹색 익어가는 소리
우리 동네 미나리꽝

상큼하고 신선한 향기
온 동네 퍼지면
소박한 저녁 밥상에
한상 가득 풍요로움 주었던
우리 동네 미나리꽝

가로수 불빛 물든 밤하늘 아래
콘크리트 도시의 노래
올라가는 고단한 삶과 희망
우리 동네 아파트꽝

*미나리꽝 : 미나리를 심는 논. 땅이 걸고 물이 많이 괴는 곳
 밤하늘 : 밤의 하늘.

보이지 않는 석양

빛은 서서히 사라지고

어둠에 안겨

어두운 그림자가 땅을 감싸며

나를 둘러싸네

이제는 보이지 않는 석양

이제는 보이지 않는 그리움

마음 속 깊이 새겨진 옛 추억

* 석양 : 저녁때의 햇빛. 또는 저녁때의 저무는 해.
* 새기다 : 잊지 아니하도록 마음속에 깊이 기억하다.

도시와 나무

높은 건물 사이에서

차와 사람들의 바쁜 흐름 안에

끝없는 콘크리트 미로 속

빛과 그림자가 춤추는 도시

도심 속 어디에 서 있어도

외로움이 흐르는 숨소리

하늘과 땅 사이에 우리는 높이 피어난다

우리는 세상의 한 조각

삶의 한 부분

* 도시 : 일정한 지역의 정치 · 경제 · 문화의 중심이 되는, 사람이 많이 사는 지역.
  도심 : 도시의 중심부.
  세상 : 사람이 살고 있는 모든 사회를 통틀어 이르는 말.
  삶 : 사는 일. 또는 살아 있음. 목숨 또는 생명.

내 멍을 낫게 해주는 멍

모닥불 앞에서 불 멍

먼 산을 보며 산 멍

하늘과 함께 누워 하늘 멍

철썩철썩 파도를 타며 바다 멍

졸졸졸졸 물소리와 함께 물 멍

왁자지껄 시장에서 사람 멍

오늘은 어떤 멍을 할까?

나를 보며 멍해 보는 건 어때?

내 멍을 낫게 해주는 멍

* 멍 : 심하게 맞거나 부딪쳐서 살갗 속에 퍼렇게 맺힌 피.
  멍하다 : 자극에 대한 반응이 없다.

거울 속 그녀

거울 속 자기 모습에 반해 버린 그녀
존경 받고 떠받들어 주기를 바라는 그녀
남은 무시하고 자신만 생각하는 그녀

부끄러움이 없는 그녀
나를 이용해 더 돋보이려 하는 그녀
자기 것 인 양

교묘하게 지배하고 통제하려는 그녀
누군가 내 곁에 오는 것을 막는 그녀
걱정하는 양

묵묵히 때가 오길 기다려
너는 꿋꿋이 지켜 보는거야

악행이 수면 위로 떠오르면
하나 둘 그녀를 떠나
그렇게 그녀는 멀어지는 거야

치밀하게 또 다른 이를 찾을 거야
친절을 가장해서 매력적인 양

겁내지마 두려워하지마
그녀는 아무 것도 아니야
가장 소중한 건 너 자신이야

* 무시 : 사람을 깔보거나 업신여김.
교묘하다 : 솜씨나 재주 따위가 재치 있게 약삭빠르고 묘하다.
악행 : 악독한 행위.
수면 : 어떤 일이 공개적으로 알려지거나 본격적으로 다루어지기 시작하는 기준.

두 얼굴

온화하고 평범한 모습으로 다가오지
본래 모습이 드러나지 않게 살금살금

계산적이고 치밀하게 권력을 탐하지
목적을 이루면 본색이 드러나 야금야금

이간질 해서 누군가 미워하게하지
이익을 위해 거짓을 속닥속닥

너의 상처와 눈물에 쾌감을 느껴
거짓이 드러나도 잘못은 인정하지 않아
상처받은 양 불쌍한 척

신경쓰지말고 외로움도 감당해야 해
단호하게 너를 보호해야 해

* 이간질 : 중간에서 서로를 멀어지게 하는 일을 낮잡아 이르는 말.
  쾌감 : 상쾌하고 즐거운 느낌.
  단호하다 : 결심이나 태도, 입장 따위가 과단성 있고 엄격하다.

하루하루

하루하루 즐겁게 살아가자
바람과 춤추고 햇빛의 따스함을 느끼자

하루하루 소중히 살아가자
작은 기쁨 만들어 나에게 선물하자

하루하루 사랑하며 살아가자
누군가에게 작은 기쁨 선사하자

하루하루 감사하며 살아가자
거센 비바람과 강렬한 햇볕도
강인한 뿌리와 가지를 선물하지

* 하루하루 : 그날그날의 날.
　기쁨 : 욕구가 충족되었을 때의 흐뭇하고 흡족한 마음이나 느낌.
　감사 : 고맙게 여김. 또는 그런 마음.

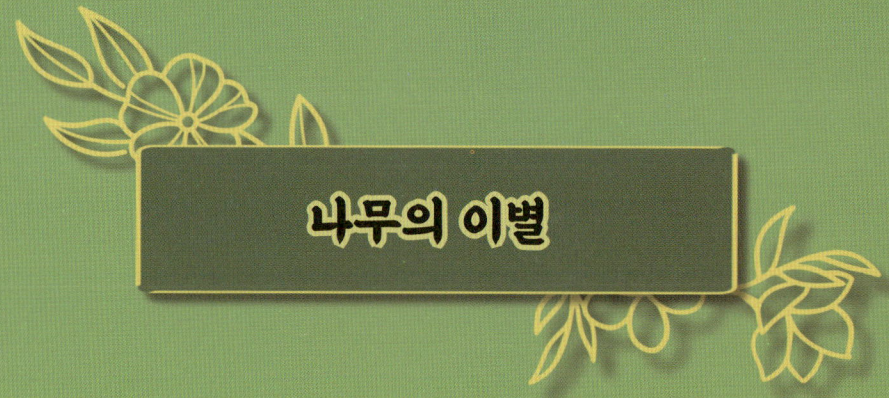

나무의 이별

나무도 자연의 일부로서 죽음과 새로운 생명의
순환을 경험한다. 죽음은 두려움, 단순한 종료가 아닌,
삶의 완성과 변화의 시작이다.
인간도 죽음의 경계에서
새로운 시각과 깨달음을 얻을 수 있다.
삶의 끝을 직면할 때의 평온과 수용,
이별을 준비하는 자세를 담았다.

전쟁과 나무

커다란 굉음에
한기로 오돌오돌 떨며
거친 호흡으로
살아내야만 한다는 것을 안다

온통 칠흑 같은 어둠
싸늘하게 식어버린 생명
홀로 지켜야 한다는 것을 안다

그리움에 몇 번을 되뇌고
수만 번 더 불러보지만
다시 오지 않는다는 것을 안다

비목이 되어
함께 울며 서러움 달래던
그 쓰라리고 아픈 상처 안고
살아가야 한다는 것을 안다

* 굉음 : 몹시 요란하게 울리는 소리.
  한기 : 추운 기운.
  비목 : 나무로 만든 비석
  칠흑 : 옻칠처럼 검고 광택이 있음. 또는 그런 빛깔.

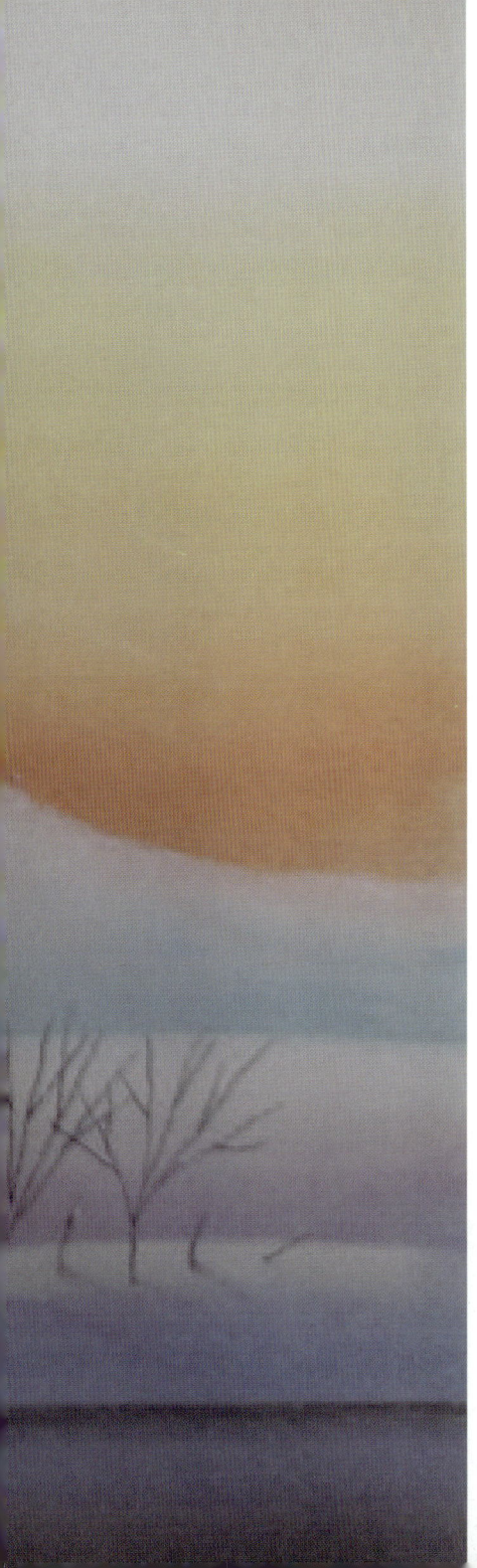

진실의 눈

올해도 눈이 내린다
하얗고 순결한 눈이 내린다

하나하나 진실을 담은
초롱초롱 눈이 바닷속에 내린다

너를 위해 들었던 촛불과 희망은
연민과 애통함이 되어 쌓인다

세상은 하얀 너를 짓밟으며
내 사랑을 비웃는다

너는 알고 있니!
너를 향한 나의 순수한 사랑을

올해도 눈이 내린다
그리고 너를 그리워한다

* 진실 : 참되고 변하지 아니하는 영원한 진리.
　　　　 거짓이 없이 순수하고 바름.
　 순결 : 잡된 것이 섞이지 아니하고 깨끗함.
　 연민 : 불쌍하고 가련하게 여김.
　 애통 : 슬퍼하고 가슴 아파함.

내게 오는 길

무성한 가지로
자연의 소리가 울리는
내게 오는 길

고요한 노래로
시간이 느리게 흐르는
내게 오는 길

푸른 터널로
자유롭게 생명이 숨쉬는
나와 하나가 되는 길

*무성하다 : 풀이나 나무 따위가 자라서 우거져 있다.

낙엽

가을 바람에 나뭇잎이 하나 둘 떨어지듯
화려했던 시절을 뒤로한 채
마지막 햇살을 받으며 대지의 품에 안긴다

이제는 떠나야 할 시간
평화롭고 따뜻한 대지 안에서
우리는 하나가 되어 자연의 품에 안긴다

저 멀리서 불어오는 바람의 이야기
내 안의 모든 두려움은
따스한 노래가 되어 하늘의 품에 안긴다

※ 대지 : 대자연의 넓고 큰 땅.
　평화 : 전쟁, 분쟁 또는 일체의 갈등이 없이 평온함. 또는 그런 상태.
　자연 : 사람의 의도적인 행위 없이 저절로.

황혼

태양이 지고 어두워지는 그 순간,
황금빛으로 물들이고 그늘 속으로 숨어든다
한숨을 내쉬며 과거의 기억을 되돌아본다

처음 가보는 황금빛 길 위에,
두려움 대신 한 걸음 한걸음 내딛는다
숨을 들이마시며 새로운 순간을 나아간다

흔적 없이 사라질 나의 삶이지만
누군가의 기억 속에 푸른 쉼터로 남고싶다

다시 대지의 품에 안겨 고요한 숨결로
희망을 품고 내 모습을 그린다

※황혼: 해가 지고 어스름해질 때. 또는 그때의 어스름한 빛.

동틀 녘

나의 가지는 천천히 펴지고
어둠이 서서히 사라지는 곳에서
새로운 하루를 맞이한다

태양이 떠오르는 그 순간
절망의 어둠을 밝혀주는 기적
이를 알수없는 뿌리에게
소식을 전하려 안간힘을 다해 하늘로 향한다

새로운 빛을 받아 빛나는 순간을 함께 한다
새벽의 햇살을 받아 생명의 노래를 한다
새로운 희망이 피어난다

※ 동트다: 동쪽 하늘이 훤하게 밝아 오다.
  녘: 어떤 때의 무렵.

바람의 흔적

동쪽에서 부는 샛바람
서쪽에서 부는 하늬바람
소나무 사이로 부는 솔바람
산마루에서 내리 부는 냇바람

가볍게 부는 시원한 산들바람
부드럽게 살랑살랑 부는 살랑바람
보드랍고 화창한 명지바람

꽃이 필 무렵 차가운 꽃샘바람
가을철 건조한 갈바람

방향이 없이 이리저리 함부로 부는 왜바람
회오리처럼 부는 돌개바람
좁은 틈으로 세게 불어 드는 황소바람
외롭고 쓸쓸히 으스스하게 부는 소슬바람
살 속으로 스며드는 듯한 차고 매서운 소소리바람
모든 것을 쓸어버리는 싹쓸바람

보이지 않지만 언제나 곁에 머무는 바람
보이지 않지만 느낄 수 있는 바람
나의 바람은, 꿈결 같은 바람

*바람¹ : 기압의 변화 또는 사람이나 기계에 의하여 일어나는 공기의 움직임.
바람² : 어떤 일이 이루어지기를 기다리는 간절한 마음.

 ## 작가의 말

운명처럼 새로 이사 온 동네에서 500년이 넘은 천연기념물 회화나무를 처음 만났습니다. 코로나 시절, 세상이 암흑처럼 느껴지고 우울함과 공포 속에서 모든 것을 강제로 중단해야 했던 그때, 깊은 절망감에 짓눌렸습니다. 외롭게 서 있는 나무가 마치 제 모습을 보는 듯했고, 그 나무를 보며 제가 어떻게 살아왔는지 되돌아보게 되었습니다. 제 감정을 나무에 이입했고, 나무는 제게 인생의 철학을 깨닫게 해주었습니다.

긴 세월 동안 그 자리를 지키며 풍파를 견뎌낸 나무는, 삶의 어려움 속에서도 꿋꿋이 서 있는 우리 모두의 모습을 상징하는 듯했습니다.

 나무가 되어 한 장 한 장 시를 쓰고, 그림을 그리며 마음을 치유했습니다. 이 책이 자연과 인간이 함께하는 아름다운 세상을 보여주고, 여러분의 마음을 나무처럼 풍요롭게, 꽃처럼 향기롭게 가꾸어 주길 바랍니다.

이수진